My Migrant Family Story

★ Coloma

NO LONGER PROPERTY OF
SEATTLE PUBLIC LIBRARY

★ McAllen

My Migrant Family Story

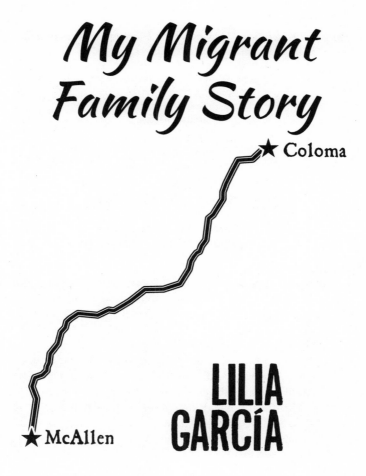

★ Coloma

★ McAllen

LILIA GARCÍA

Spanish Translation by Gabriela Baeza Ventura

PIÑATA
BOOKS

PIÑATA BOOKS
ARTE PÚBLICO PRESS
HOUSTON, TEXAS

My Migrant Family Story is made possible through a grant from the City of Houston through the Houston Arts Alliance.

Piñata Books are full of surprises!

Piñata Books
An imprint of
Arte Público Press
University of Houston
4902 Gulf Fwy, Bldg 19, Rm 100
Houston, Texas 77204-2004

Cover design by Mora Des¡gn
Chapter designs by Mora Des¡gn

García, Lilia.
   My migrant family story = La historia de mi familia migrante / by = por Lilia García ; Spanish translation by Gabriela Baeza Ventura =: traducción al español de Gabriela Baeza Ventura.
      p.   cm.
   ISBN 978-1-55885-780-3 (alk. paper)
   1. García, Lilia.—Childhood and youth—Juvenile literature. 2. Hispanic Americans—Biography—Juvenile literature. 3. Migrant agricultural laborers—United States—Biography—Juvenile literature. 4. McAllen (Tex.)—Biography—Juvenile literature. 5. Coloma (Mich.)—Biography—Juvenile literature. I. Ventura, Gabriela Baeza, translator. II. Title.
E184.S75G3675 2013
305.868'073—dc23
                                                                    2013029237
                                                                    CIP

♾ The paper used in this publication meets the requirements of the American National Standard for Information Sciences—Permanence of Paper for Printed Library Materials, ANSI Z39.48-1984.

Printed in the United States of America
October 2013–November 2013
United Graphics, Inc., Mattoon, IL
12 11 10 9 8 7 6 5 4 3 2 1

This book is dedicated to my loving parents, José Lorenzo García and Beatriz García; my sisters, Beatrice, Guadalupe, Amada and Dora; my brothers, José Lorenzo Jr., Adalberto, Arturo, Joe, Alfredo, Abel and Alex.

Acknowledgments

I am forever thankful to my professor and friend, Dr. Jennifer Battle, who always praised me for my writing efforts. She has instilled positive energy throughout my postsecondary education at Texas State University-San Marcos.

I am also grateful to all my friends who show a great deal of respect and love toward me. They love listening to me tell them stories of my childhood years in a migrant family.

I thank both of my parents for sharing their wonderful sixty-three years of marriage and their steadfast love for all my family and relatives. I am sure they continue to love each other in heaven.

My Migrant Family Story

Between 1966 and 1975, my early childhood years, my family and I traveled from McAllen, Texas, to the northern states to work in the fields picking fruit and vegetables. My parents, my older siblings—seven brothers and four sisters—were dedicated migrant workers. As the youngest, I was the only member of my family that did not work as hard in the fields picking tomatoes, strawberries, cherries, blueberries, peaches, pears, apples and other produce.

My task was to provide support to my family as they worked.

My family would work from sunrise to sunset during the harvest season. Being migrant workers was their way of making a living, even before I was born on January 19, 1966.

I am so thankful for being part of a loving and devoted family.

Packing

In the wee hours of an early spring in 1974, when it was still chilly, my mom was busy packing our belongings in boxes and large plastic bags. This year, we were on our way to Coloma, Michigan, where we would work for Norm Erickson, the boss and owner of the fields. Mom was wearing Levi jeans and one of my dad's long-sleeved cotton shirts. She had rolled up every garment and packed everything very tightly in the boxes and bags. Mom would always say, "Everything will fit, if it's well packed."

My dad was still sleeping soundly, so Mom made sure we walked around quietly and whispered to each other. My brothers helped carry our belongings into the red 1965 Ford F250 pick-up truck. The truck had a blue wooden camper that my dad and my two older brothers had built and painted. It had two small screen windows on each side that could be covered by a sliding wooden board.

Inside, the truck bed was covered with thick wool blankets that almost felt like a flattened mattress; this was a temporary, comfortable on-the-road bed. Dishes were loaded first, all the way to the back of the long bed. The tubs of dishes had to be well-padded and covered. Everyone had pitched in the night before to wrap the dishes in newspaper. Next, our summer clothes were loaded and placed by the dishes. There were four boxes filled with clothes: one for mom and dad, one for the boys, two for the girls. A thick wooden board was placed over the boxes and covered with more blankets. My sisters and I would use this as a bed until we reached our destination.

In the front of the pick-up, Mom packed snacks in an oblong woven basket for her and my dad. She poured half a pot of fresh-brewed coffee into a half-liter thermos, and placed it in the basket with two ceramic cups, a few flour tortillas, a bag of Fritos, a gallon of water and four plastic cups.

My mother was the leader of our trip. She commanded us on what to pack and where to place our belongings. She knew exactly where everything was stored, so when something had to be moved to another place in the truck, we had to ask her where she wanted it moved.

On The Road

The last thing I remember when we left our home in McAllen, at 2204 Fresno Street, was the tall pecan tree in front of our green wooden house. There were no sounds, no other vehicles in sight, and it was dark as dark could be.

In the camper, I could smell the strong aroma of the coffee my parents were sipping. My brothers were sleeping soundly on the wool mattress, while my sisters and I cuddled on top of the makeshift bed.

My dad passed several traffic lights on the old Highway 83 East.

He turned left on the first main road in Edinburg and got on Highway 281 North. This led us out of the Rio Grande Valley.

Soon, my sisters and I joined my brothers on the sleeping journey while my mother, the navigator for our trip, held the road map with one hand and a pencil on the other. She would guide my dad all the way to Michigan pointing to the highway signs, informing him of the exits, turns, traffic lights and bridges. She would also keep him awake by offering him some coffee or a snack.

At the break of dawn, the noisy highways of Houston woke up everyone. Dad pulled over at a rest area where we washed up and stretched out our limbs and ate breakfast.

My mom had prepared refried bean tacos before we left McAllen. The tacos were arranged in layers in a large aluminum mixing bowl and covered with a white dish cloth to keep them warm.

The old aluminum bowl had been used on so many occasions. Mom used it to knead the dough for the tortillas that we ate every day and for mixing the masa for tamales during Christmas. We also used it to pack and carry the dirty dishes that we used in the fields. The aluminum bowl had dents and scratches here and there.

The next six hours were the longest part of our journey, because we all looked forward to leaving Texas behind—but Texas seemed endless. Once we reached Interstate 30, I knew we were close to the Texas-Arkansas border and half of the way to Coloma, Michigan, our final destination. The most interesting cities at this point were Texarkana, Texas, and Texarkana, Arkansas, because they were an indication that we were finally entering a new state.

Throughout the day and into the evening, we drove through parts of Arkansas, Tennessee and Missouri. When we reached Little Rock, Arkansas, it was dark and my dad had to find a place to rest for the night. We found out that the city of Little Rock was not little!

Early the next morning, my mom guided my dad to Interstate 40. The busy highway would connect us to the next state: Tennessee. We crossed the grand Mississippi River into Memphis, and then drove to the state of Missouri.

The Gateway Arch in St. Louis, Missouri, was proof that we were definitely far away from home. We saw that beautiful shiny landmark in the cool night.

In McAllen there were no tall skyscrapers, traffic jams or interesting sights, such as the St. Louis Arch. This city did not compare at all with our small South Texas hometown.

Aside from taking a few short breaks on the side of the road at rest stops, we continued traveling until we reached the state of Illinois, where we drove north through the cities of Peoria and Springfield. We reached the next big city, Chicago, around noon or sometime after that. We drove down crowded highways full of traffic and saw many skyscrapers. The Sears Tower really impressed me. This skyscraper could be seen the minute we entered Chicago. Inside the camper, I would move to one window, then hop over to the other and finally gaze at it from the back doors. I kept my eyes fixated on the enormous building until it was no longer in sight.

In Chicago, we turned toward the East and drove through farmlands and forests. We could smell the scent of the pine trees, feel the crisp cool breezes and see the drizzle on the slick roadways. After a short trip through the northern tip of Indiana, we entered south Michigan, where we drove onto Interstate 90. We then got on the farm roads that led us to Coloma.

We passed large wooden houses with smoking chimneys that sat on farms surrounded by vast fields of fruits and vegetables. It was almost sundown when we drove by the fields where farmworkers dressed in long-sleeved shirts, boots and hats loaded produce onto trucks and long wooden trailers.

Our Ford truck pulled onto the long, winding dirt road that would take us to our new dwelling place, the Ponderosa.

The Ponderosa

According to my oldest sister Bea, the house was named Ponderosa Place because it resembled the home of the popular TV series titled *Bonanza*. In that show, the Cartwright family lived in a ranch named the "Ponderosa," probably because it was surrounded by Ponderosa pine trees. Also, the house in *Bonanza* was completely covered in shingles just like the one in Coloma, except for the screened-in porch.

The year after I was born, Ennis Sommerford, a friend of the Ericksons, the

owners of the farm, welcomed my family to this house. With arms outstretched, he said, "Welcome to the Ponderosa!" From that year on, my family stayed in Coloma, Michigan. The Erickson family was always very friendly and treated my family with respect and kindness.

The Ponderosa was partially furnished. Its walls had wood paneling and that made the house dark. We would try to settle in right away. My parents would take the largest bedroom with one double bed. My oldest sister and brother shared the small room and slept in twin beds. My other three sisters and I would take the next biggest room with two double beds. My brothers usually slept on thick blankets on the porch floor, but when it was cold, they slept in the living room on the floor because there were no couches.

The rest of the house consisted of a dining room with a small table and four chairs; one restroom and an outside shower; a basement that was located right underneath the screened-in porch; jars of preserved fruits and vegetables on the wall shelves; and a kitchen with white counters, a white porcelain sink with a brass faucet and an old black stove with a griddle in the middle of the four burners.

The Ponderosa was set on a small hill and from the kitchen door I could see an old red barn and the apple orchard that stretched to the dirt road. On the other side of the dirt road was the peach orchard and on each side of the house were two strawberry patches. Behind the barn, up another hill, were grape vineyards. The Paw Paw River was located just downhill.

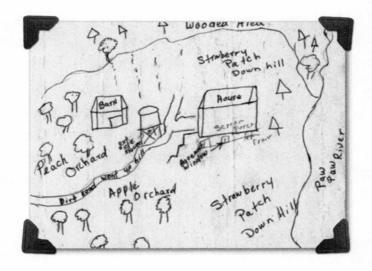

The Ponderosa will forever be a memory of my migrant family story. I always felt at peace and safe here with my family.

Coloma Elementary School

We had to leave school before summer break when we went north. The next day we would get to Coloma, Michigan, and after unpacking all of our belongings, it was time for my family to start working. Since I was too young, I was not allowed to be in the fields with them, so I had to attend school until summer vacation. To register me at Coloma Elementary School, my mother always took one of my teenaged brothers with her so that they could translate into Spanish what the principal and teachers communicated to her in English.

Because my family had to go to work really early, I had to take the bus to school. I was always the first student to be picked up and the last one to be dropped off. At Coloma Elementary, I was the only bilingual child and since I always enrolled late in the school year, it was hard to make friends. I also fell behind on all of the lessons. Although it was difficult during this time, I enjoyed school very much, learning new vocabulary and being cared for by nice teachers. I also liked participating in the fun activities.

One year, we made homemade ice cream and butter and, in 1975, the last year we migrated to Michigan, our class went on a field trip to the Kellogg cereal company in Battle Creek. There were enormous, loud machines that workers operated. My eyes were open wide as I walked up and down the hallways of the giant machines, gazing straight at them the whole time. In the end, all of the students received a white paper cap and a package of cereal. After school that day, I shared the cereal with my siblings and retold my family the adventure of visiting the factory.

The Field Work

We would often work the strawberry season all the way to Coloma, Michigan. We would start in Ponchatoula, Louisiana, around March and in April work in Portland, Tennessee, and little by little make our way to our final destination.

My family and I loved arriving in Coloma. We were so relieved to finally make it to our home away from home. The smell of fresh pine trees and the cool climate seemed to welcome us back to the Ponderosa.

In Michigan, we also picked other fruits and tomatoes. It was very hard work for all the family. Calluses, blisters, cuts and scrapes marked their hands and feet. After picking the fruit, I observed my family carry full buckets of fruits to the big trucks. Long rows, about half a mile or so, of strawberries were picked each day. Bending down, stretching, squatting and kneeling were movements done for eight to ten hours a day.

I also watched my family carry ladders to the cherry trees to climb up and then down each time the bucket was filled. Each bucket of fruit was weighed on a scale on the trucks. The pickers were given a ticket showing the total amount picked. There was no hourly wage; only the quantity of pounds or the total buckets harvested. At the end of the week, my father would turn in all of the tickets to the foreman, and he would pay us for the amount we had picked. Field work was the only skill my family had during my early childhood years.

Our Journey Home to McAllen

I always knew when it was time to head back home. Our red pick-up truck weighed more because it was it filled with red delicious apples and other fruits that Norm would provide. The autumn days had become shorter and cooler. The colors of autumn—orange, yellow and brown— were all present on the way back in the landscape from Coloma, Michigan, to McAllen, Texas.

All my migrant family's hard work, dedication and commitment had paid off. My family was exhausted but very satis-

Texarcana   50
McAllen   450

fied. We would leave behind bare apple trees and fruitless vines of strawberries and blueberries.

My family remembers that in 1968, when I was only two years old, my grandmother got sick and my dad and one of my sisters had to stay home to care for her. That summer, on the way back to McAllen, my family was involved in an accident. My brother, Beto, was driving us home when somewhere close to Joplin, Missouri, we heard a loud bang. The truck's rear driver side tire had a blowout! Beto lost control of the steering wheel and the truck flipped over and landed on the driver's side. With the impact, the gasoline tank cap popped open and gasoline spilled on the ground. The back left tire was in flames!

Beto, my other brother, Arturo, my Mom and I were in the cabin. I was sitting on the floor of the passenger side, right by my mom. In the midst of it all, my siblings say that my mom was holding me in her arms, yelling, "Get the baby out!" My mother's legs had gotten stuck underneath the seat and, in her desperation to get me out, she banged her fist on the windshield and cracked it.

An African-American truck driver pulled over and put the fire out. He got me and my mom out through the passenger window. Everyone got out safely. My mom claimed the Good Samaritan was San Martín de Porres—a loving Catholic saint.

We had to tow the truck to the next town. Our family waited there until the tire was fixed. The windshield crack was never repaired. It stayed intact the rest of the years that we migrated from McAllen to Coloma.

Home Sweet Home

In mid-October, we were finally back home, unpacked and ready for school. It was great to feel the warm gulf breezes and be with our friends and schoolmates again.

My family stopped migrating north in 1975 when I was nine years old. My mother had back surgery and had limited body movement. She was unable to work so she became a housewife. My dad became the proud owner of Bell Taxi. My older siblings got married and started their own families. The rest of us continued going to school and living with my parents.

Although I missed the adventure of travel and sightseeing, I didn't miss the hard, back-breaking work my family did. I also didn't miss ending the school year early to follow the crops, and then starting the school year late after returning from the harvest.

I'm happy to have had a great family in the first 9 years of my life. I'm proud to belong to my migrant family.

More Bilingual Flip Books

The Monster in the Mattress and Other Stories /
El monstruo en el colchón y otros cuentos
Diane de Anda

Mi sueño de América / My American Dream
Yuliana Gallegos

Rattling Chains and Other Stories for Children /
Ruido de cadenas y otros cuentos para niños
Nasario García

Kid Cyclone Fights the Devil and Other Stories /
Kid Ciclón se enfrenta a El Diablo y otras historias
Xavier Garza

The Ruiz Street Kids / Los muchachos
de la calle Ruiz
Diane Gonzales Bertrand

Upside Down and Backwards /
De cabeza y al revés
Diane Gonzales Bertrand

Más libros bilingües

*A Mummy in Her Backpack /
Una momia en su mochila*
James Luna

*Animal Jamboree: Latino Folktales /
La fiesta de los animales: leyendas latinas*
Judith Ortiz Cofer

*The Case of the Pen Gone Missing: A Mickey
Rangel Mystery / El caso de la pluma perdida:
Colección Mickey Rangel, detective privado*
René Saldaña, Jr.

*The Lemon Tree Caper: A Mickey Rangel Mystery /
La intriga del limonero: Colección Mickey
Rangel, detective privado*
René Saldaña, Jr.

*The Mystery of the Mischievous Marker: A Mickey
Rangel Mystery / El misterio del malvado
marcador: Colección Mickey Rangel,
detective privado*
René Saldaña, Jr.

*The Missing Chancleta and Other Top-Secret
Cases / El caso de la chancleta perdida
y otros casos secretos*
Alidis Vicente

La historia de mi familia migrante

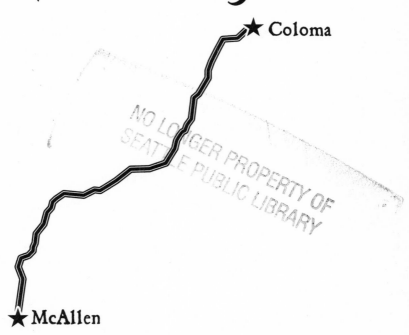

★ Coloma

★ McAllen

La historia de
mi familia migrante

★ Coloma

★ McAllen

LILIA
GARCÍA

Traducción al español de Gabriela Baeza Ventura

PIÑATA BOOKS
ARTE PÚBLICO PRESS
HOUSTON, TEXAS

La publicación de *La historia de mi familia migrante* ha sido subvencionada por la Ciudad de Houston por medio del Houston Arts Alliance.

Piñata Books are full of surprises!

Piñata Books
An imprint of
Arte Público Press
University of Houston
4902 Gulf Fwy, Bldg 19, Rm 100
Houston, Texas 77204-2004

Diseño de la portada de Mora Des!gn

García, Lilia.
 My migrant family story = La historia de mi familia migrante / by = por Lilia García ; Spanish translation by Gabriela Baeza Ventura = traducción al español de Gabriela Baeza Ventura.
  p. cm.
 ISBN 978-1-55885-780-3 (alk. paper)
 1. Garcia, Lilia.—Childhood and youth—Juvenile literature. 2. Hispanic Americans—Biography—Juvenile literature. 3. Migrant agricultural laborers—United States—Biography—Juvenile literature. 4. McAllen (Tex.)—Biography—Juvenile literature. 5. Coloma (Mich.)—Biography—Juvenile literature. I. Ventura, Gabriela Baeza, translator. II. Title.
 E184.S75G3675 2013
 305.868'073—dc23

2013029237
CIP

♾ El papel utilizado en esta publicación cumple con los requisitos del American National Standard for Information Sciences—Permanence of Paper for Printed Library Materials, ANSI Z39.48-1984.

Impreso en los Estados Unidos de América
Octubre 2013–Noviembre 2013
United Graphics, Inc., Mattoon, IL
12 11 10 9 8 7 6 5 4 3 2 1

Dedicatoria

Les dedico este libro a mis queridos padres, José Lorenzo García y Beatriz García, a mis hermanas, Beatrice, Guadalupe, Amada y Dora, y a mis hermanos, José Lorenzo, Jr., Adalberto, Arturo, Joe, Alfredo, Abel y Alex.

Reconocimientos

Le estoy muy agradecida a mi profesora y amiga, la Dra. Jennifer Battle, por elogiar mi dedicación a la escritura y por su apoyo en mis estudios de posgrado en Texas State University-San Marcos.

También agradezco a mis amigos por el gran respeto y cariño y por disfrutar de las narraciones de mi niñez en una familia migrante.

Gracias a mis padres por compartir sus sesenta y tres años de matrimonio y por el inalterable amor que les dieron a nuestra familia y parientes. Estoy segura que continúan amándose en el cielo.

La historia de mi familia migrante

Pasé los primeros años de mi infancia y niñez entre 1966 y 1975, viajando con mi familia de McAllen, Texas, a los estados del norte para trabajar en las labores* de fruta y verdura. Mis padres, mis hermanos mayores —siete hermanos y cuatro hermanas— trabajaban con mucha dedicación. Como yo era la más pequeña, era el único miembro de nuestra familia que no trabajaba tan duro en las labores cose-

*campos agrícolas

11

chando tomates, fresas, cerezas, arándanos azules, duraznos, peras, manzanas y otras verduras. Mi responsabilidad era darle apoyo a mi familia mientras trabajaba.

Mi familia trabajaba desde el amanecer hasta el anochecer durante la temporada de cosecha. Ser trabajador migrante era la forma de ganarse la vida incluso desde antes de que yo naciera el 19 de enero de 1966.

Estoy muy agradecida de tener una familia cariñosa y unida.

Empacando

En la madrugada de un día de primavera de 1974, cuando aún estaba frío, mi mamá se encontraba empacando nuestras pertenencias en cajas y bolsas grandes de plástico. Este año, íbamos rumbo a Coloma, Michigan, donde trabajaríamos con Norm Erickson, el patrón y dueño de las labores. Mamá llevaba puestos pantalones de mezclilla Levi y una de las camisas de algodón de manga larga de mi papá. Había enrollado cada pieza de ropa y empacado todo bien apretadito en las cajas y bolsas.

Mamá siempre decía "Todo cabe si lo empacamos bien".

Mi papá seguía durmiendo profundamente, así es que Mamá se aseguraba de que nosotros camináramos despacio y nos habláramos en voz bajita. Mis hermanos ayudaron a subir las cosas a la troca* roja, una Ford F250 del año 1965. La troca tenía un camper azul de madera que mi papá y mis dos hermanos mayores habían hecho y pintado. El camper también tenía dos pequeñas ventanas con tela de malla que se cerraban con una tabla deslizable.

Adentro, la caja de la troca estaba cubierta con gruesas cobijas de lana que eran casi como un colchón plano; ésta era una cómoda cama provisional para la carretera. Primero subieron los trastes hasta la parte trasera de la larga caja de la troca. Las tinas con los trastes tenían que ir bien acolchadas y cubiertas. Todos habíamos ayudado a envolver los trastes en papel periódico la noche anterior. Después subieron nuestra ropa de verano y la pusieron al lado de los trastes. Había cuatro cajas con ropa: una para la ropa

*camioneta; pick-up

de mamá y papá, una para la de los hermanos y dos para la de las hermanas. Pusieron una gruesa tabla sobre las cajas y la cubrieron con más cobijas. Mis hermanas y yo la usaríamos como una cama hasta que llegáramos a nuestro destino final.

Mamá empacó snacks para Papá y para ella en una canasta alargada y la puso en la cabina de la troca. Llenó el termo de medio litro con media jarra de café calientito y lo puso en la canasta junto con dos tazas de cerámica, unas cuantas tortillas de harina, una bolsa de Fritos, un galón de agua y cuatro vasos de plástico.

Mi mamá era la líder de nuestro viaje. Nos decía qué había que empacar y dónde poner nuestras cosas. Sabía exactamente dónde se encontraba guardada cada cosa, así es que cuando se tenía que mover algo a otro lugar en la troca, teníamos que preguntarle a ella adónde había que moverlo.

En la carretera

Lo último que recuerdo cuando salimos de nuestra casa en McAllen en la calle 2204 Fresno es el nogal alto enfrente de nuestra casa verde de madera. No hubo ni un sonido, ni otros vehículos, y estaba tan oscuro como suele estar de madrugada.

En el camper, podía oler el fuerte aroma del café que mis papás tomaban a sorbitos. Mis hermanos dormían profundamente en el colchón de lana mientras que mis hermanas y yo nos acurrucábamos en la cama improvisada.

Mi papá pasó varios semáforos en el viejo Highway 83 hacia el este. Dio vuelta a la izquierda en la primera calle principal en Edinburg rumbo a la carretera 281 Norte. Esta carretera nos sacó del valle del Río Grande.

Muy pronto, mis hermanas y yo nos quedamos dormidas junto con mis hermanos mientras mi mamá, la copiloto del viaje, sostenía un mapa en una mano y un lápiz en la otra. Ella dirigiría a mi papá todo el camino hasta llegar a Michigan. Le indicaría los signos en la autopista, las salidas, las vueltas, los semáforos y puentes. No sólo guiaría a Papá, también lo mantendría despierto ofreciéndole café o algo para comer.

Cuando empezó a amanecer, las ruidosas autopistas de Houston nos despertaron a todos. Papá detuvo la troca en una zona de descanso donde nos lavamos y pudimos estirar los brazos y las piernas y desayunar.

Mamá nos había preparado tacos de frijoles refritos antes de salir de McAllen. Los tacos estaban acomodados en hileras, unos encima de otros, adentro de un tazón grande de aluminio que usábamos para mezclar, y los había tapado con una toalla para que no se enfriaran.

Habíamos usado ese tazón de aluminio tantas veces. En él, Mamá amasaba la harina para las tortillas que comíamos todos los días y mezclaba la masa para los tamales de la Navidad. También lo usábamos para empacar o cargar los trastes sucios de la labor. El tazón tenía abolladuras y rayones en varios lugares.

Las próximas seis horas fueron las más largas del viaje porque todos estábamos listos para salir de Texas, y parecía que Texas no terminaba nunca. Cuando llegamos a la Interestatal 30, sabía que estábamos cerca de la frontera Texas-Arkansas, aún nos faltaba la mitad del camino para llegar a Coloma, Michigan, nuestro destino final. Las ciudades más interesantes eran Texarkana, Texas, y Texarkana, Arkansas, porque eran indicación de que ya estábamos saliendo de Texas.

Conducimos gran parte del día y la tarde por Arkansas, Tennessee y Missouri. Cuando llegamos a Little Rock, Arkansas, ya era tarde y mi papá tuvo que buscar un lugar para pasar el resto de la noche. ¡Descubrimos que la ciudad de Little Rock no era nada pequeña!

Bien temprano, a la mañana siguiente, Mamá guió a Papá hasta la Interestatal 40. Esta transitada autopista nos conectaría con el siguiente estado: Tennessee. Atravesamos el gran Río Misisipi para llegar a Memphis y luego al estado de Missouri.

El Gateway Arch en San Luis, Missouri, era señal de que estábamos bien lejos de nuestra casa. Vimos el lindo y brillante punto de referencia en la noche fría.

En McAllen no había rascacielos, tráfico o vistas interesantes como el arco de San Luis. Esta ciudad no se comparaba para nada con nuestro pequeño pueblo en el sur de Texas.

Aparte de unos breves descansos en las zonas de descanso al lado de la autopista, no paramos hasta que llegamos al estado de Illinois donde pasamos por las ciudades de Peoria y Springfield. Llegamos a la siguiente ciudad grande, Chicago, Illinois, como a las doce del día. Manejamos por carreteras llenas de autos y vimos muchos rascacielos. La torre Sears es lo que más me impresionó. La vi desde que entramos a Chicago. En el camper, me iba de una ventanita a la otra hasta que al final me quede asomada por las puertas de atrás. No le quité los ojos de encima hasta que desapareció de mi vista.

En Chicago, nos fuimos hacia el este y condujimos por campos y bosques. Olimos el aroma de los pinos frescos, sentimos la brisa fría y observamos la carretera mojada. Después de un corto viaje por el norte de Indiana, entramos al sur de Michigan, donde nos subimos a la Interestatal 90. Después de eso, entramos a la carretera que nos llevaría a Coloma, Michigan.

Pasamos unas casas grandes de madera con chimeneas que estaban en granjas rodeadas de labores grandes de frutas y verduras. Ya estaba cayendo la tarde cuando pasamos por donde los campesinos vestidos con camisas de manga larga, botas y sombrero subían cajas de verdura a unas camionetas con tráiler de madera largo.

Nuestra Ford avanzó por un camino sinuoso de tierra que nos llevaría a nuestra nueva vivienda, la Ponderosa.

La Ponderosa

De acuerdo a mi hermana mayor, Bea, la casa se llamaba Ponderosa Place porque se parecía a la de la famosa teleserie *Bonanza*. En esa teleserie, la familia Cartwright vivía en un pequeño pueblo llamado "Ponderosa" probablemente porque estaba rodeado de pinos Ponderosa. Además, la casa en *Bonanza* estaba cubierta de tejas como nuestra vivienda en Coloma, excepto por el porche hecho de tela metálica.

Un año después de que yo naciera, Ennis Sommerford, un amigo de los

Erickson, los dueños de la granja, nos dio la bienvenida a esta casa. Con los brazos abiertos nos
dijo, "¡Bienvenidos a la Ponderosa!" Desde
entonces, mi familia se quedaba en Coloma,
Michigan. La familia Erickson era muy amable y
trataba a mi familia con respeto y cariño.

La Ponderosa estaba medio amueblada. Las
paredes tenían un panelado de madera y eso
hacía que la casa fuera oscura. Tratábamos de
acomodarnos lo más rápido que podíamos. Mis
padres escogían la recámara más grande con una
cama doble. Mi hermana y mi hermano mayor
compartían una recámara chica y dormían en
camas gemelas. Mis otras tres hermanas y yo nos
quedábamos con uno de los cuartos más grandes
que tenía dos camas dobles. Mis hermanos usual-
mente dormían en gruesas cobijas en el porche
pero cuando hacía frío, se dormían en el piso de
la sala porque no teníamos sillones.

El resto de la casa consistía de un comedor
con una mesa y cuatro sillas; un baño y un lugar
para bañarnos afuera; un sótano que estaba debajo del porche; frascos con frutas y verduras en
conserva en los libreros de las paredes; y la cocina con gabinetes blancos, un sink de porcelana

blanca con una llave de cobre y una vieja estufa negra con un comal en medio y cuatro hornillas.

La Ponderosa estaba asentada en una colina y desde la puerta de la cocina se veía un viejo granero rojo y un manzanar que llegaba hasta el camino de tierra. Al otro lado del camino de tierra había un huerto de peras y a ambos lados de la casa había dos labores de fresa. Detrás del granero, en otra colina, había viñedos. El Río Paw Paw corría al pie de la colina.

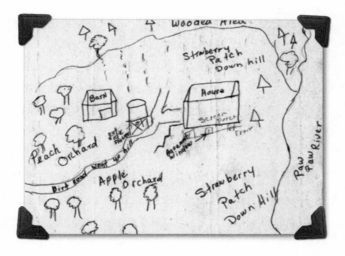

La Ponderosa quedó grabada en la memoria de nuestra familia migrante. Aquí, siempre me sentía en paz y segura con mi familia.

Coloma Elementary School

Cada vez que salíamos rumbo al norte teníamos que dejar la escuela antes de las vacaciones de verano. El día después de que llegábamos a Coloma, Michigan, y después de que ayudábamos a desempacar todas nuestras cosas, mi familia tenía que ir a trabajar. Como yo aún era muy pequeña, no me dejaban ir a las labores, así es que tenía que asistir a clases hasta durante las vacaciones de verano. Para inscribirme en la Primaria Coloma, mi mamá siempre llevaba a uno de mis hermanos adolescentes para que le tradujera al español lo que el director y los maestros le decían en inglés.

Debido a que mi familia salía a trabajar bien temprano, yo iba a la escuela en un autobús. Siempre era la primera estudiante a la que recogían y a la última que dejaban. En la Primaria Coloma era la única estudiante bilingüe y como siempre entraba tarde cuando el año escolar estaba por terminar, se me dificultaba hacer amigos y me retrasaba en todas las materias. Aunque era un tiempo difícil, disfrutaba mucho de la escuela aprendiendo nuevo vocabulario y bajo el cuidado de maestros amables. También me gustaba participar en las actividades divertidas.

Un año, hicimos helado y mantequilla y, en 1975, el último año que fuimos a las labores en Michigan, mi clase fue a una expedición a la fábrica de cereal Kellogg en Battle Creek. Recuerdo que había unas máquinas enormes que hacían mucho ruido, las operaban los trabajadores. Miraba sorprendida mientras caminaba por los pasillos entre las máquinas gigantes, no les quitaba los ojos de encima. Al final, a todos los estudiantes nos dieron una cachucha blanca de papel y una bolsa con cereales. Ese día, después de la escuela, compartí el cereal con mis hermanos y le conté a mi familia de la aventura de haber visitado una fábrica.

El trabajo en las labores

Con frecuencia trabajábamos todo el camino en la cosecha de la fresa hasta llegar a Michigan. Empezábamos en marzo con las labores en Ponchatoula, Louisiana. Luego, en abril, trabajábamos en Portland, Tennessee y poco a poco avanzábamos hasta llegar a nuestro destino final.

A mi familia y a mí nos encantaba llegar a Coloma. Sentíamos un alivio al llegar a nuestra casa lejos de casa. El aroma a pino fresco y las bajas temperaturas parecían darnos la bienvenida a la Ponderosa.

En Michigan, también cosechábamos otras frutas y tomates. El trabajo de la cosecha era un trabajo duro para nuestra familia. A todos les salían callos, ampollas, cortadas y raspones en las manos y en los pies. Durante la cosecha de la fruta, yo veía a mi familia cargar cubetas llenas de fruta hasta los grandes camiones. Se cosechaba una larga fila de por lo menos media milla de largo de fresas cada día. Los movimientos del día incluían agacharse, estirarse y arrodillarse entre ocho y diez horas.

También veía a mi familia cargar las escaleras hasta los cerezos para subir y bajar cada vez que llenaban una cubeta con fruta. Cada cubeta de fruta se pesaba en la báscula de los camiones. A los campesinos les daban un recibo que indicaba el total que habían cosechado. No había un salario por hora; simplemente se contaba la cantidad de libras o el total de cubetas cosechadas. Al final de la semana, mi papá entregaba todos los recibos de la familia al patrón y éste le pagaba la cantidad que nos debía. El trabajo en los campos era la única destreza que mi familia poseía cuando yo era pequeña.

Nuestro viaje de regreso a McAllen

Siempre intuía cuándo ya era hora de regresar a nuestra casa en McAllen. Nuestra troca roja pesaba más porque estaba llena de deliciosas manzanas rojas y otras frutas que Norm nos regalaba. Los días de otoño eran más cortos y frescos. Los colores del otoño —naranja, amarillo y café— estaban presentes en todo el paisaje de Coloma, Michigan, a McAllen, Texas. Todo el trabajo, dedicación y compromiso de mi familia migrante había valido la pena. Mi familia estaba cansada pero muy

Texarcana   50
McAllen   450

satisfecha. Atrás quedaban manzanos sin manzanas y enredaderas sin fresas o arándanos azules.

Mi familia recuerda que en 1968, cuando yo apenas tenía dos años, mi abuelita se enfermó y mi papá y una de mis hermanas se tuvieron que quedar en casa para cuidarla. Ese verano, de regreso a McAllen, mi familia tuvo un accidente. Mi hermano, Beto, conducía cuando en una de las carreteras cerca de Joplin, Missouri, escuchamos una explosión. ¡La llanta detrás del conductor había reventado! Beto perdió el control del volante, y la troca se dio vuelta y calló del lado del conductor. Con el impacto, la tapadera del tanque de la gasolina saltó y la gasolina se derramó en la carretera. ¡La llanta trasera se incendió!

Beto, mi otro hermano, Arturo, mi mamá y yo íbamos en la cabina. Yo iba sentada en el piso enfrente del pasajero, cerca de mi mamá. Dicen mis hermanos que en medio de todo el alboroto veían a mi mamá que me abrazaba y gritaba: "¡Saquen a la niña!" Las piernas de mi mamá habían quedado atrapadas debajo del asiento y desesperada al querer sacarme, le había dado golpes al parabrisas con el puño hasta estrellarlo.

Un señor afroamericano se detuvo y apagó el fuego. Nos sacó a mí y luego a mi mamá por la ventana del pasajero. Todos salimos sin problema. Mi mamá decía que el Buen Samaritano era San Martín de Porres —un santo católico muy querido.

Tuvimos que llevar la troca con una grúa a la próxima ciudad. Allí esperamos hasta que arreglaron la llanta. Jamás reparamos el parabrisas. Quedó así por el resto de los años que migramos de McAllen a Coloma.

Hogar dulce hogar

A mediados de octubre, por fin estábamos de vuelta en casa, ya habíamos desempacado y estábamos listos para volver a la escuela. Era maravilloso sentir la calidez de la brisa del golfo y estar con nuestros amigos y compañeros de escuela otra vez.

En 1975, cuando yo ya tenía nueve años, mi familia dejó de ir a las labores. A mi mamá le hicieron una cirugía en la espalda y ya no podía moverse como antes. Como ya no podía trabajar en las labores, Mamá se hizo ama de casa. Mi papá compró Bell Taxi, de lo cual estaba muy orgulloso.

Mis hermanos mayores se casaron y formaron sus propios hogares y familias. El resto de nosotros seguimos con nuestros estudios y vivimos con mis padres.

Aunque extrañaba la aventura de viajar y conocer otros lugares, no echaba de menos el trabajo duro y pesado que hacia mi familia. Tampoco extrañaba dejar la escuela antes de las vacaciones y menos empezar el año escolar tarde.

Me alegra haber tenido una gran familia en mis primeros 9 años. Estoy muy orgullosa de ser parte de mi familia migrante.